AF469691

Pedro Calderón de la Barca

La devoción de la cruz

Barcelona **2024**
Linkgua-ediciones.com

Créditos

Título original: La devoción de la cruz.

© 2024, Red ediciones S.L.

e-mail: info@Linkgua-ediciones.com

Diseño de cubierta: Michel Mallard.

ISBN tapa dura: 978-84-1126-141-8.
ISBN rústica: 978-84-9816-459-6.
ISBN ebook: 978-84-9953-201-1.

Sumario

Brevísima presentación

La vida

Pedro Calderón de la Barca (Madrid, 1600-Madrid, 1681). España.

Su padre era noble y escribano en el consejo de hacienda del rey. Se educó en el colegio imperial de los jesuitas y más tarde entró en las universidades de Alcalá y Salamanca, aunque no se sabe si llegó a graduarse.

Tuvo una juventud turbulenta. Incluso se le acusa de la muerte de algunos de sus enemigos. En 1621 se negó a ser sacerdote, y poco después, en 1623, empezó a escribir y estrenar obras de teatro. Escribió más de ciento veinte, otra docena larga en colaboración y alrededor de setenta autos sacramentales. Sus primeros estrenos fueron en corrales.

Lope de Vega elogió sus obras, pero en 1629 dejaron de ser amigos tras un extraño incidente: un hermano de Calderón fue agredido y, éste al perseguir al atacante, entró en un convento donde vivía como monja la hija de Lope. Nadie sabe qué pasó.

Entre 1635 y 1637, Calderón de la Barca fue nombrado caballero de la Orden de Santiago. Por entonces publicó veinticuatro comedias en dos volúmenes y *La vida es sueño* (1636), su obra más célebre. En la década siguiente vivió en Cataluña y, entre 1640 y 1642, combatió con las tropas castellanas. Sin embargo, su salud se quebrantó y abandonó la vida militar. Entre 1647 y 1649 la muerte de la reina y después la del príncipe heredero provocaron el cierre de los teatros, por lo que Calderón tuvo que limitarse a escribir autos sacramentales.

Calderón murió mientras trabajaba en una comedia dedicada a la reina María Luisa, mujer de Carlos II el Hechizado. Su hermanó José, hombre pendenciero, fuc uno de sus editores más fieles.

Personajes

Eusebio
Lisardo
Curcio, viejo
Octavio
Celio
Ricardo
Arminda
Gil, gracioso
Menga
Julia
Villanos
Alberto
Bandoleros
[Chilindrina]
[Blas]
[Tirso]
[Toribio]

Jornada primera

(Dentro.)

Menga	¡Verá por dó va la burra!
Gil	¡Lo demonio, jo mohína!
Menga	Ya verás por do camina: ¡arre acá!
Gil	¡El diabro me aburra!, ¿no hay quien una cola tenga, 5 pudiendo tenerla mil?

(Salen.)

Menga	¡Buena hacienda has hecho, Gil!
Gil	¡Buena hacienda has hecho, Menga, que tú la culpa tuviste! Que como ibas caballera, 10 que en el hoyo se metiera al oído le dijiste por hacerme regañar.
Menga	Por verme caer a mí se lo dijiste, eso sí. 15
Gil	¿Cómo la hemos de sacar?
Menga	¿Pues en el lodo la dejas?
Gil	No puede mi fuerza sola.

Menga   Yo tiraré de la cola;
               tira tú de las orejas.   20

Gil   Mejor remedio sería
               hacer el que aprovechó
               a un coche que se atascó
               en la corte esotro día.
               Este coche, Dios delante,   25
               que arrastrado de dos potros,
               parecía entre los otros
               pobre coche vergonzante,
               y por maldición muy cierta
               de sus padres, ¡hado esquivo!,   30
               iba de estribo en estribo,
               ya que no de puerta en puerta.
               En un arroyo atascado,
               con ruegos el caballero,
               con azotes el cochero,   35
               ya por fuerza, ya por grado,
               ya por gusto, ya por miedo,
               que saliesen procuraban,
               por recio que lo mandaban,
               mi coche quedo que quedo.   40
               Viendo que no importa nada
               cuantos remedios hicieron,
               delante el coche pusieron
               un harnero de cebada.
               Los caballos, por comer,   45
               de tal manera tiraron,
               que tosieron y arrancaron,
               y esto podemos hacer.

Menga   ¡Que nunca valen dos cuartos

tus cuentos!

Gil   Menga, yo siento   50
ver un animal hambriento,
donde hay animales hartos.

Menga   Voy al camino a mirar
si pasa de nuestra aldea
gente, cualquiera que sea,   55
porque te venga a ayudar,
pues te das tan pocas mañas.

Gil   ¿Vuelve, Menga, tu porfía?

Menga   ¡Ay burra del alma mía!

(Vase.)

Gil   ¡Ay burra de mis entrañas!   60
Tú fuiste la más honrada
burra de toda la aldea;
que no ha habido quien te vea
nunca mal acompañada.
No eras nada callejera,   65
di mijor gana te estabas
en tu pesebre, que andabas
cuando te llevaban fuera.
Pues ¿altanera y liviana?
Bien me atrevo a jurar yo,   70
que ninguno burro la vio
asomada a la ventana.
Ya sé que no merecía
tu lengua desdicha tal;
pues jamás para habrar mal   75

dijo «aquesta boca es mía».
Pues como a ella le sobre
de lo que comiendo está,
luego al punto se lo da
a alguna borrica pobre.   80

(Dentro ruido.)   Mas ¿qué ruido es este? Allí
de dos caballos se apean
dos hombres, y hacia mí vienen,
después que atados los dejan.
¡Descoloridos, y al campo   85
de mañana! Cosa es cierta,
que comen barro o están
opilados. Mas ¿si fueran
bandoleros?, ¡aquí es ello!
Pero lo que fuere sea,   90
aquí me escondo, que andan,
que corren, que salen, que entran.

(Salen Lisardo y Eusebio.)

Lisardo   No pasemos adelante,
porque esta estancia encubierta
y apartada del camino,   95
es para mi intento buena.
Sacad, Eusebio, la espada,
que yo de aquesta manera
a los hombres como vós
saco a reñir.

Eusebio   Aunque tenga   100
bastante causa en haber
llegado al campo, quisiera
saber lo que a vós os mueve.

	Decid, Lisardo, la queja que de mí tenéis.	
Lisardo	Son tantas,	105
	que falta voz a la lengua,	
	razones a la razón,	
	al sufrimiento paciencia.	
	Quisiera, Eusebio, callarlos,	
	y aun olvidarlos quisiera;	110
	porque cuando se repite	
	hace de nuevo la ofensa.	
	¿Conocéis estos papeles?	
Eusebio	Arrojaldos en la tierra,	
	yo los alzaré.	
Lisardo	Tomad,	115
	¿qué os suspendéis? ¿qué os altera?	
Eusebio	¡Mal haya el hombre, mal haya	
	mil veces aquel que entrega	
	sus secretos a un papel!	
	Porque es disparada piedra,	120
	que se sabe quién la tira,	
	y no se sabe a quién llega.	
Lisardo	¿Habeislos ya conocido?	
Eusebio	Todos están de mi letra,	
	que no la puedo negar.	125
Lisardo	Pues yo soy Lisardo, en Sena,	
	hijo de Lisardo Curcio.	
	Bien excusadas grandezas	

de mi padre consumieron
en breve tiempo la hacienda   130
que los suyos le dejaron;
que no sabe cuánto yerra
quien, por excesivos gastos,
pobres a sus hijos deja.
Pero la necesidad,   135
aunque ultraje la nobleza,
no excusa de obligaciones
a los que nacen con ellas.
Julia, pues, ¡saben los cielos
cuánto en nombrarla me pesa!,   140
o no supo conservallas,
o no llegó a conocellas.
Pero, al fin, Julia es mi hermana,
¡pluguiera a Dios no lo fuera!,
y advertid que no se sirven   145
las mujeres de sus prendas
con amorosos papeles,
con razones lisonjeras,
con ilícitos recados,
ni con infames terceras.   150
No os culpo en el todo a vós,
que yo confieso que hiciera
lo mismo, a darme una dama
para servirla licencia.
Pero cúlpoos en la parte   155
de ser mi amigo, y en esta
con más culpa os comprende
la culpa que tuvo ella.
Si mi hermana os agradó
para mujer (que no era   160
posible, ni yo lo creo,
que os atrevierais a vella

con otro fin, ni aun con este;
pues, ¡vive Dios!, que quisiera
antes que con vós casada,   165
mirarla a mis manos muerta);
en fin, si vós la elegistes
para mujer, justo fuera
descubrir vuestros deseos
a mi padre, antes que a ella.   170
Este era término justo,
y entonces mi padre viera
si le estaba bien el darla,
que pienso que no os la diera;
porque un caballero pobre,   175
cuando en cosas como estas
no puede medir iguales
la calidad y la hacienda,
por no deslucir su sangre
con una hija doncella,   180
hace sagrado un convento,
que es delito la pobreza.
Aqueste a Julia mi hermana
con tanta priesa la espera,
que mañana ha de ser monja,   185
por voluntad o por fuerza.
Y porque no será bien
que una religiosa tenga
prendas de tan loco amor
y de voluntad tan necia,   190
a vuestras manos las vuelvo,
con resolución tan ciega,
que no solo he de quitarlas,
mas también la causa dellas.
Sacad la espada, y aquí   195
el uno de los dos muera,

vós, porque no la sirváis,
o yo, porque no lo vea.

Eusebio   Tened, Lisardo, la espada,
y pues yo he tenido flema   200
para oír desprecios míos,
escuchadme la respuesta,
y aunque el discurso sea largo,
de mi suceso, y parezca
que estando solos los dos,   205
es demasiada paciencia;
pues que ya es fuerza reñir,
y morir el uno es fuerza,
por si los cielos permiten,
que yo el desdichado sea,   210
oíd prodigios que admiran
y maravillas que elevan;
que no es bien que con mi muerte
eterno silencio tengan.
Yo no sé quién fue mi padre,   215
pero sé que la primera
cuna fue el pie de una cruz,
y el primer lecho una piedra.
Raro fue mi nacimiento,
según los pastores cuentan,   220
que desta suerte me hallaron
en la falda de esas sierras.
Tres días dicen que oyeron
mi llanto, y que a la aspereza
donde estaba no llegaron   225
por el temor de las fieras;
mas ninguna me hizo mal;
pero ¿quién duda que era
por respeto de la cruz

que tenía en mi defensa?.   230
Hallome un pastor, que acaso
buscó una perdida oveja
en la aspereza del monte,
y trayéndome al aldea
de Eusebio, que no sin causa   235
estaba entonces en ella,
le contó mi prodigioso
nacimiento, y la clemencia
del cielo asistió a la suya.
Mandó, en fin, que me trajeran   240
a su casa, y como a hijo
me dio la crianza en ella.
Eusebio soy de la Cruz,
por su nombre, y por aquella
que fue mi primera guía   245
y fue mi guarda primera.
Tomé por gusto las armas,
por pasatiempo las letras;
murió Eusebio, y yo quedé
heredero de su hacienda.   250
Si fue prodigioso el parto,
no lo fue menos la estrella,
que enemiga me amenaza
y piadosa me reserva.
Bello infante era en los brazos   255
del ama, cuando mi fiera
condición, bárbara en todo,
dio de sus rigores muestra.
Pues con solas las encías,
no sin diabólica fuerza,   260
partí el pecho de quien tuve
el dulce alimento; y ella,
del dolor desesperada

y de la cólera ciega,
en un pozo me arrojó,   265
sin que ninguno supiera
de mí; oyéndome reír,
bajaron a él, y cuentan
que estaba sobre las aguas,
y que con las manos tiernas   270
tenía una formada cruz,
y sobre los labios puesta.
Un día que se abrasaba
la casa, y la llama fiera
cerraba el paso a la vida,   275
y a la salida la puerta,
entre las llamas estuve
libre, sin que me ofendieran,
y advertí después dudando
que haya en el fuego clemencia,   280
que era día de la Cruz.
Tres lustros contaba apenas,
cuando por el mar fui a Roma,
y en una brava tormenta,
desesperada mi nave,   285
chocó en una oculta peña;
en pedazos dividida,
por los costados abierta,
abrazado de un madero
salí venturoso a tierra;   290
y este madero tenía
forma de cruz. Por las sierras
de esos montes caminaba
con otro hombre, y en la senda
que dos caminos partía,   295
una cruz estaba puesta.
En tanto que me quedé

haciendo oración en ella,
se adelantó el compañero;
y después, dándome priesa   300
para alcanzalle, le hallé
muerto en las manos sangrientas
de bandoleros. Un día,
riñendo en una pendencia,
de una estocada caí,   305
sin que hiciese resistencia
en la tierra; y cuando todos
pensaron hallarla ajena
de remedio, solo hallaron
señal de la punta fiera   310
en una cruz que traía
al cuello, que en mi defensa
recibió el golpe. Cazando
una vez por la aspereza
deste monte, se cubrió   315
el cielo de nubes negras,
y publicando con truenos
al mundo espantosa guerra,
lanzas arrojaba en agua,
balas disparaba en piedras.   320
Todos hicieron las hojas
contra las nubes defensa,
siendo ya tiendas de campos
las más ocultas malezas;
y un rayo, que fue en el viento   325
caliginoso cometa,
volvió en ceniza los dos
que de mí estaban más cerca.
Ciego, turbado y confuso,
vuelvo a mirar lo que era,   330
y hallé a mi lado una cruz,

que yo pienso que es la misma
que asistió a mi nacimiento,
y la que yo tengo impresa
en los pechos, pues los cielos   335
me han señalado con ella
para públicos efetos
de alguna cosa secreta.
Pero aunque no sé quién soy,
tal espíritu me alienta,   340
tal inclinación me anima
y tal animo me fuerza,
que por mí me da valor
para que a Julia merezca;
porque no es más la heredada,   345
que la adquirida nobleza.
Este soy, y aunque conozco
la razón, y aunque pudiera
dar satisfacción bastante
a vuestro agravio, me ciega   350
tanto la pasión de veros
hablando de esa manera,
que ni os quiero dar disculpa,
ni os quiero admitir la queja.
Y pues queréis estorbar   355
que yo su marido sea,
aunque su casa la guarde,
aunque un convento la tenga,
de mí no ha de estar segura,
y la que no ha sido buena   360
para mujer, lo será
para amiga; así desea,
desesperado mi amor
y ofendida mi paciencia,
castigar vuestro desprecio,   365

y satisfacer mi afrenta.

(Sacan las espadas, riñen y Lisardo cae en el suelo, y procura levantarse, y torna a caer.)

Lisardo   Eusebio, donde el acero
       ha de hablar, calle la lengua.
       ¡Herido estoy!

Eusebio   ¿Y no muerto?

Lisardo   No, que en los brazos me queda   370
       aliento para... ¡Ay de mí!
       Faltó a mis plantas la tierra.

Eusebio   Y falte a tu voz la vida.

Lisardo   No me permitas que muera
       sin confesión.

Eusebio   ¡Muere, infame!   375

Lisardo   No me mates, por aquella
       cruz en que Cristo murió.

Eusebio   Aquesa voz te defienda
       de la muerte. Alza del suelo,
       que cuando por ella ruegas,   380
       falta rigor a la ira,
       y falta a los brazos fuerza.
       Alza del suelo.

Lisardo   No puedo,
       porque ya en mi sangre envuelta

voy despreciando la vida,   385
y el alma pienso que espera
a salir, porque entre tantas
no sabe cuál es la puerta.

Eusebio   Pues fíate de mis brazos,
                 y anímate, que aquí cerca   390
                 unos penitentes monjes
                 viven en oscuras cuevas,
                 donde podrás confesarte
                 si vivo a sus puertas llegas.

Lisardo   Pues yo te doy mi palabra,   395
                 por esa piedad que muestras,
                 que si yo merezco verme
                 en la divina presencia
                 de Dios, pediré que tú
                 sin confesarte no mueras.   400

(Llévale en los brazos, y sale Gil de donde estaba escondido, y Tirso, Blas, y
Menga y Toribio.)

Gil   ¿Han visto lo que le debe?
                 La caridad está buena;
                 pero yo se la perdono.
                 ¡Matarlo, y llevarlo a cuestas!

Toribio   ¿Aquí dices que quedaba?   405

Menga   Aquí se quedó con ella.

Tirso   Mírale allí embelesado.

Menga   Gil, ¿qué miras?

| Gil | ¡Ay Menga! |

| Tirso | ¿Qué te ha sucedido? |

| Gil | ¡Ay Tirso! |

| Toribio | ¿Qué has visto? |

| Gil | ¡Ay Toribio! | 410 |

| Blas | ¿Qué es lo que tienes? |

Gil

¡Ay Blas!
No lo sé más que una bestia.
Matole y cargó con él;
sin duda a salar le lleva.

| Menga | ¿Quién le mato? |

| Gil | ¿Qué sé yo? | 415 |

| Tirso | ¿Quién murió? |

| Gil | No sé quién era. |

| Toribio | ¿Quién cargó? |

| Gil | ¿Qué sé yo quién? |

| Blas | ¿Y quién le llevó? |

Gil

Quien quiera.
Pero, porque lo sepáis,

venid todos.

Tirso   ¿Dó nos llevas?   420

Gil   No lo sé, pero venid,
que los dos van aquí cerca.

(Vanse todos y salen Arminda y Julia.)

Julia   Déjame, Arminda, llorar,
una libertad perdida;
pues donde acaba la vida,   425
también acaba el pesar.
¿Nunca has visto de una fuente
bajar un arroyo manso,
siendo apacible descanso,
el valle de su corriente;   430
y cuando le juzgan falto
de fuerza a las flores bellas,
pasa por encima dellas
rompiendo por lo más alto?
Pues mis penas, mis enojos   435
la misma experiencia han hecho:
detuviéronse en el pecho,
y salieron por los ojos.
Deja que llore el rigor
de un padre.

Arminda   Señora, advierte...   440

Julia   ¿Qué más venturosa suerte
hay, que morir de dolor?
Pena que deja vencida
la vida, o ser gloria ordena;

| | que no es muy grande la pena, | 445 |
| | que no acaba con la vida. | |

| Arminda | ¿Qué novedad obligó |
| | tu llanto? |

Julia	¡Ay, Arminda mía!
	Cuantos papeles tenía
	de Eusebio, Lisardo halló	450
	en mi escritorio.

| Arminda | ¿Pues él |
| | supo que estaban allí? |

Julia	Como aqueso contra mí
	hará mi estrella cruel.
	Yo, (¡ay de mí!), cuando le vía	455
	el cuidado con que andaba,
	pensé que lo sospechaba,
	pero no que lo sabía.
	Llegó a mí descolorido,
	y entre apacible y airado,	460
	me dijo que había jugado,
	Arminda, y que había perdido,
	que una joya le prestase
	para volver a jugar:
	por presto que la iba a dar,	465
	no aguardó a que la sacase.
	Tomó él la llave, y abrió
	con una cólera inquieta,
	y en la primera naveta
	con los papeles topó.	470
	Miróme y volvió a cerrar,
	y sin decir nada, ¡ay Dios!,

buscó a mi padre, y los dos
(¿quién duda para tratar
mi muerte?) gran rato hablaron   475
cerrados en su aposento.
Salieron, y hacia el convento
los dos sus pasos guiaron,
según Octavio me dijo.
Y si lo que está tratado,   480
ya mi padre ha efetuado,
con justa causa me aflijo;
porque si de aquesta suerte,
que olvide a Eusebio desea,
antes que monja me vea,   485
yo misma me daré muerte.

(Sale Eusebio.)

Eusebio [Aparte.]   Ninguno tan atrevido,
si no tan desesperado,
viene a tomar por sagrado
la casa del ofendido.   490
Antes que sepa la muerte
de Lisardo, Julia bella,
hablar quisiera con ella,
porque a mi tirana suerte
algún remedio consigo   495
si, ignorando mi rigor,
puede obligarle el amor
a que se vaya conmigo;
y cuando llegue a saber
de Lisardo el hado injusto,   500
hará de la fuerza gusto
mirándose en mi poder.)
Hermosa Julia.

Julia   ¿Qué es esto?
             ¿Tú en esta casa?

Eusebio   El rigor
             de mi desdicha y tu amor   505
             en tal peligro me ha puesto.

Julia   Pues ¿cómo has entrado aquí
             y emprendes tan loco extremo?

Eusebio   Como la muerte no temo...

Julia   ¿Qué es lo que intentas así?   510

Eusebio   Hoy obligarte deseo,
             Julia, porque agradecida
             des a mi amor nueva vida,
             nueva gloria a mi deseo.
             Yo he sabido cuánto ofende   515
             a tu padre mi cuidado,
             que a su noticia ha llegado
             nuestro amor, y que pretende
             que tú recibas mañana
             el estado que desea,   520
             para que mi dicha sea,
             cuanto mi esperanza, vana.
             Si ha sido gusto, si ha sido
             amor el que me has mostrado,
             si es verdad que me has amado,   525
             si es cierto que me has querido,
             vente conmigo, pues ves
             que no tiene resistencia
             de tu padre la obediencia;

	deja tu casa, y despés,	530
	que habrá mil remedios piensa;	
	pues en mi poder es justo	
	que haga de la fuerza gusto,	
	y obligación de la ofensa.	
	Villas tengo en que guardarte,	535
	gente con que defenderte,	
	hacienda para ofrecerte,	
	y un alma para adorarte.	
	Si darme vida deseas,	
	si es verdadero tu amor,	540
	atrévete, o el dolor	
	hará que mi muerte veas.	

Julia   ¡Oye, Eusebio!

Arminda   Mi señor
             viene, señora.

Julia   ¡Ay de mí!

Eusebio   ¿Pudiera hallar contra mí   545
             la fortuna más rigor?

Julia   ¿Podrá salir?

Arminda   No es posible
             que se vaya, porque ya
             llamando a la puerta está.

Julia   ¡Grave mal!

Eusebio   ¡Pena terrible!   550
             ¿Qué haré?

Julia   Esconderse es ya forzoso.

Eusebio   ¿Dónde?

Julia   En aquese aposento.

Arminda   Presto, que sus pasos siento.

(Escóndese Eusebio, y sale Curcio, viejo venerable, padre de Julia.)

Curcio   Hija, si por el dichoso
                         estado que tú codicias,   555
                         y que ya seguro tienes,
                         no das a mis parabienes
                         la vida, y alma en albricias,
                         del deseo que he tenido
                         no agradeces el cuidado.   560
                         Todo queda efetuado,
                         y todo tan prevenido,
                         que solo falta ponerte
                         la más bizarra y hermosa,
                         para ser de Cristo esposa,   565
                         ¡mira que dichosa suerte!,
                         hoy aventajas a todas
                         cuantas saben envidiar,
                         pues te verán celebrar
                         aquestas divinas bodas.   570
                         ¿Qué dices?

Julia [Aparte.]   ¿Qué puedo hacer?

Eusebio [Aparte.]   Yo me doy la muerte aquí,
                         si ella le dice que sí.

Julia [Aparte.]   (No sé cómo responder.)
                       Bien, señor, la autoridad   575
                       de padre, que es preferida,
                       imperio tiene en la vida,
                       pero no en la libertad.
                       ¿Pues que supiera antes yo
                       tu intento, no fuera bien?   580
                       ¿Y que tú, señor, también
                       supieras mi gusto?

Curcio   No,
                       que sola mi voluntad,
                       en lo justo o en lo injusto
                       has de tener por tu gusto.   585

Julia   Solo tiene libertad
                       un hijo para escoger
                       estado; que el hado impío
                       no fuerza el libre albedrío.
                       Déjame pensar y ver   590
                       despacio eso, y no te espante
                       ver que término te pida,
                       que el estado de una vida
                       no se toma en un instante.

Curcio   Basta, que yo le he mirado,   595
                       y yo por ti he dado el sí.

Julia   Pues si tú vives por mí,
                       toma también el estado.

Curcio   ¡Calla infame!, ¡Calla loca!;
                       que haré de aquese cabello   600

un lazo para tu cuello,
o sacaré de tu boca
con mis manos la atrevida
lengua, que de oír me ofendo.

Julia   La libertad te defiendo,   605
             señor, pero no la vida.
             Acaba su curso triste,
             y acabará tu pesar;
             que mal te puedo negar
             la vida que tú me diste: 610
             la libertad que me dio
             el cielo, es la que te niego.

Curcio   En este punto a creer llego
             lo que el alma sospechó,
             que no fue buena tu madre,   615
             y manchó mi honor alguno;
             que hoy el error importuno,
             ofende el honor de un padre
             a quien el Sol lo igualó
             con resplandor y belleza,   620
             sangre, honor, lustre y nobleza.

Julia   Eso he entendido yo,
             por eso no he respondido.

Curcio   Arminda, salte allá fuera.

[Vase Arminda.]   Y ya que mi pena fiera   625
             tantos años he tenido
             secreta, de mis enojos
             la ciega pasión obliga
             a que la lengua te diga

lo que te han dicho los ojos.   630
La señoría de Sena,
por dar a mi sangre fama,
en su nombre me envió
a dar la obediencia al Papa
Urbano Tercio. Tu madre,   635
que con opinión de santa
fue en Sena común ejemplo
de las matronas romanas,
y aun de las nuestras (no sé
cómo mi lengua la agravia;   640
mas, ¡ay infelice!, tanto
la satisfacción engaña),
en Sena quedó, y yo estuve
en Roma con la embajada
ocho meses, porque entonces   645
por concierto se trataba
que esta señoría fuese
del Pontífice: Dios haga
lo que a su estado convenga,
que aquí importa poco, o nada.   650
Volví a Sena, y hallé en ella...
Aquí el aliento me falta,
aquí la lengua enmudece,
aquí el ánimo desmaya.
Hallé, ¡ay injusto temor!,   655
a tu madre tan preñada,
que para el infame parto
cumplía las nueve faltas.
Ya me había prevenido
por sus mentirosas cartas   660
esta desdicha, diciendo
que, cuando me fui, quedaba
con sospecha; y yo la tuve

de mi deshonra tan clara,
que discurriendo en mi agravio   665
imaginé mi desgracia.
No digo que verdad sea,
pero quien nobleza trata,
no ha de aguardar a creer
que el imaginar le basta.   670
¿Qué importa que un noble sea
desdichado, (¡oh ley tirana
de honor!, ¡oh bárbaro fuero
del mundo!), si la ignorancia
le disculpa? Mienten, mienten   675
las leyes; porque no alcanza
los misterios al efeto
quien no previene la causa.
¿Qué ley culpa a un inocente?
¿Qué opinión a un libre agravia?   680
Miente otra vez; que no es
deshonra, sino desgracia.
¡Bueno es que en leyes de honor
le comprenda tanta infamia,
al Mercurio que le roba,   685
como al Argos que le guarda!
¿Qué deja el mundo, qué deja,
si así al inocente infama,
de deshonra para aquel,
que lo sabe y que lo calla?   690
Yo entre tantos pensamientos,
yo entre confusiones tantas,
ni vi regalo en la mesa,
ni hice descanso en la cama.
Tan desabrido conmigo   695
estuve, que me trataba
como ajeno el corazón,

y como a tirano el alma.
Y aunque a veces discurría
en su abono, y aunque hallaba   700
verosímil la disculpa,
pudo en mí tanto la instancia
del temor que me ofendía,
que con saber que fue casta,
tomé de mis pensamientos,   705
no de sus culpas, venganza.
Y porque con más secreto
fuese, previne una caza
fingida, porque a un celoso
solo lo fingido agrada.   710
Al monte fui, y cuando todos
entretenidos estaban
en su alegre regocijo,
con amorosas palabras,
(¡qué bien las dice quien miente!,   715
¡qué bien las cree quien ama!),
llevé a Rosmira, su madre,
por una senda apartada
del camino, y divertida
llegó a una secreta estancia   720
deste monte, a cuyo albergue
el Sol ignora la entrada,
porque se la defendían
rústicamente enlazadas,
por no decir que amorosas,   725
árboles, hojas y ramas.
Aquí, pues, donde apenas
huella imprimió mortal planta,
solos los dos...

(Sale Arminda.)

Arminda   Si el valor
                 que el noble pecho acompaña,   730
                 señor, y si la experiencia
                 que te han dado honrosas canas,
                 en la desdicha presente
                 no te niega o no te falta,
                 examen será el valor   735
                 de tu ánimo.

Curcio   ¿Qué causa
                 te obliga a que así interrompas
                 mi razón?

Arminda   Señor...

Curcio   Acaba,
                 que más la duda ofende.

Julia   ¿Por qué te suspendes? Habla.   740

Arminda   No quisiera ser la voz
                 de mi pena y tu desgracia.

Curcio   No temas decirla tú,
                 pues yo no temo escuchalla.

Arminda   A Lisardo, mi señor...   745

Eusebio [Aparte.] Esto solo me faltaba.

Arminda   ...bañado en su sangre traen
                 en una silla por andas,
                 cuatro rústicos pastores,

	muerto (iay Dios!) a puñaladas;	750
	mas ya a tu presencia llega:	
	no le veas.	
Curcio	¡Cielos! ¿Tantas	
	penas para un desdichado?	
	¡Ay de mí!	

(Salen los villanos con Lisardo en una silla, ensangrentado el rostro.)

Julia	Pues ¿qué inhumana	
	fuerza ensangrentó la ira	755
	en su pecho? ¿Qué tirana	
	mano se bañó en mi sangre,	
	contra su inocencia airada?	
	¡Ay de mí!	

Arminda	Mira señora...	

Blas	No llegues a verle.	

Curcio	Aparta.	760

Tirso	Detente, señor.	

Curcio	Octavio,	
	no puede sufrirlo el alma.	
	Dejadme ver ese cadáver frío,	
	depósito infeliz de heladas venas,	
	ruina del tiempo, estrago del impío	765
	hado, teatro funesto de mis penas;	
	¿Qué tirano rigor, iay hijo mío!,	
	trágico monumento en las arenas	
	construyó porque hiciese en quejas vanas	

	mortaja triste de mis blancas canas?	770
	¡Ay, amigos! Decid: ¿quién fue homicida	
	de un hijo en cuya vida yo animaba?	

Menga
    Gil lo dirá, que al verle dar la herida,
    oculto en unos árboles estaba.

Curcio
    Di, amigo, di, ¿quién me quitó esta vida?   775

Gil
    Yo solo sé que Eusebio le llamaba,
    cuando con él reñía.

Curcio
    ¿Hay más deshonra?
    Eusebio me ha quitado vida y honra.

[A Julia.]
    Disculpa agora tú de sus crueles
    deseos la ambición; di que concibe   780
    casto amor, pues a falta de papeles,
    lascivos gustos con su sangre escribe.

Julia
    Señor...

Curcio
    No me respondas como sueles;
    a tomar estado te apercibe,
    o apercibe también a tu hermosura,   785
    con Lisardo temprana sepultura.
    Los dos a un tiempo el sentimiento esquivo,
    en este día sepultar concierta,
    él muerto al mundo, en mi memoria vivo,
    tú, viva al mundo, en mi memoria muerta.   790
    Y en tanto que el entierro os apercibo,
    porque no huyas cerraré esta puerta;
    queda con él, porque de aquesa suerte
    lecciones al morir te dé su muerte.

(Vanse todos, y queda Julia en medio de Lisardo y Eusebio, que sale por otra puerta.)

Julia	Mil veces procuro hablarte,	795
	tirano Eusebio, y mil veces	
	el alma duda, el aliento	
	falta, y la lengua enmudece.	
	No sé, no sé cómo pueda	
	hablar, porque a un tiempo vienen	800
	envueltas iras piadosas	
	entre verdades crueles.	
	Quisiera cerrar los ojos	
	a aquesta sangre inocente	
	que está pidiendo venganza	805
	desperdiciando claveles.	
	Y quisiera hallar disculpa	
	en las lágrimas que viertes,	
	que al fin heridas y ojos	
	son bocas que nunca mienten.	810
	Y en una mano el amor,	
	y en otra el rigor presente,	
	quisiera a un tiempo, quisiera	
	castigarte y defenderte.	
	Y entre ciegas confusiones	815
	de pensamientos tan fuertes,	
	la clemencia me combate,	
	el sentimiento me vence.	
	¿Desta suerte solicitas	
	obligarme?, ¿desta suerte,	820
	Eusebio, en vez de finezas	
	con crueldades me pretendes?	
	Cuando de mi boda el día	
	resuelta espera, ¡quieres	
	que en vez de apacibles bodas,	825

tristes obsequias celebre!
Cuando por tu gusto era
a mi padre inobediente,
ifunestos lutos me das,
en vez de galas alegres!   830
Cuando, arriesgando mi vida,
hice posible el quererte,
ien vez de tálamo, (iay cielos!)
un sepulcro me previenes!
Y cuando mi mano ofrezco,   835
despreciando inconvenientes,
de honor, ila tuya bañada
en mi sangre me la ofreces!
¿Qué gusto tendré en tus brazos,
si para llegar a verme,   840
dando vida a nuestro amor,
voy tropezando en la muerte?
¿Qué dirá el mundo de mí,
sabiendo que tengo siempre,
si no presente el agravio,   845
quien le cometió presente?
Pues cuando quiera el olvido
sepultarle, solo el verte
entre mis brazos será
memoria con que me acuerde.   850
Yo entonces, yo, aunque te adore,
los amorosos placeres
trocaré en iras, pidiendo
venganzas, pues ¿cómo quieres,
que viva sujeta un alma   855
a efetos tan diferentes
que esté esperando el castigo,
deseando que no llegue?
Basta, por lo que te quise,

perdonarte, sin que esperes   860
verme en tu vida, ni hablarme.
Esa ventana, que tiene
salida al jardín, podrá
darte paso; por ahí puedes
escaparte; huye el peligro,   865
porque, si mi padre viene
no te halle aquí. Vete, Eusebio,
y mira que no te acuerdes
de mí, que hoy me pierdes tú,
porque quisiste perderme.   870
Vete, y vive tan dichoso,
que tengas felicemente
bienes, sin que a los pesares
pagues pensión de los bienes.
Que yo haré para mi vida   875
una celda, prisión breve,
si no sepulcro, pues ya
mi padre enterrarme quiere.
Allí lloraré desdichas
de un hado tan inclemente,   880
de una fortuna tan fiera,
de una inclinación tan fuerte,
de un planeta tan opuesto,
de una estrella tan rebelde,
de un amor tan desdichado,   885
de una mano tan aleve,
que me ha quitado la vida
y no me ha dado la muerte,
porque entre tantos pesares
siempre viva y muera siempre.   890

Eusebio   Si acaso más que tus voces,
                 son ya tus manos crueles,

para tomar la venganza,
rendido a tus pies me tienes.
Preso me trae mi delito,   895
tu amor es la cárcel fuerte,
las cadenas son mis yerros,
prisiones que el alma teme.
Verdugo es mi pensamiento,
si son tus ojos los jueces,   900
y ellos me dan la sentencia,
por fuerza será de muerte.
Mas diga entonces la fama
en su pregón: «Este muere
porque quiso», pues que solo   905
es mi delito quererte.
No pienso darte disculpa,
no parezca que la tiene
tan grande error; solo quiero
que me mates y te vengues.   910
Toma esta daga, y con ella
rompe un pecho que te ofende,
saca un alma que te adora,
y tu misma sangre vierte.
Y si no quieres matarme,   915
para que a vengarse llegue
tu padre, diré que estoy
en tu aposento.

Julia   ¡Detente!
Y por última razón,
que he de hablarte eternamente,   920
¿has de hacer lo que te digo?

Eusebio   Yo lo concedo.

Julia   Pues vete
               adonde guardes tu vida.
               Hacienda tienes, y gente
               que la podrá defender.   925

Eusebio   Mejor será que yo quede
               sin ella; porque si vivo,
               será imposible que deje
               de adorarte, y no has de estar,
               aunque un convento te encierre,   930
               segura.

Julia   Guárdate tú,
               que yo sabré defenderme.

Eusebio   ¿Volveré yo a verte?

Julia   No.

Eusebio   ¿No hay remedio?

Julia   No le esperes.

Eusebio   ¿Que al fin me aborreces ya?   935

Julia   Haré por aborrecerte.

Eusebio   ¿Olvidarasme?

Julia   No sé.

Eusebio   ¿Verete yo?

Julia   Eternamente.

Eusebio	Pues ¿aquel pasado amor...?	
Julia	Pues ¿esta sangre presente...?	940
	La puerta abren; vete, Eusebio.	
Eusebio	Iré por obedecerte.	
	¡Que no he de volver a verte!	
Julia	¡Que no has de volver a verme!	

(Ruido dentro, vanse cada uno por su puerta y llevan el cuerpo.)

Fin de la primera jornada

Jornada segunda

(Ruido de arcabuces, salen Ricardo, Celio y Eusebio de bandoleros con arcabuces.)

Ricardo	Pasó el plomo ardiente el pecho.
Celio	Y hace el golpe más violento, que con su sangre la tragedia imprima en tierna flor.
Eusebio	Ponle una cruz encima, y perdónele Dios.
Ricardo	Las devociones 5 nunca faltan del todo a los ladrones.

(Vase Ricardo.)

Eusebio	Y pues mis hados fieros me traen a capitán de bandoleros, llegarán mis delitos a ser, como mis penas, infinitos. 10 Como si diera muerte a Lisardo a traición, de aquesta suerte mi patria me persigue, porque su furia y mi despecho obligue a que guarde una vida, 15 siendo de tantas bárbaro homicida. Mi hacienda me han quitado, mis villas confiscado, y a tanto rigor llegan, que el sustento me niegan; 20

y pues le he de buscar desesperado,
no toque pasajero
el término del monte, si primero
no rinde hacienda y vida.

(Salen con Alberto, viejo.)

Ricardo   Llegando a ver la boca de la herida,   25
                 escucha, capitán, el más extraño
                 suceso.

Eusebio   Ya deseo el desengaño.

Ricardo   Hallé el plomo deshecho
                 en este libro que tenía en el pecho,
                 sin haber penetrado,   30
                 y al caminante solo desmayado:
                 vesle aquí sano y bueno.

Eusebio   De espanto estoy y admiraciones lleno.
                 ¿Quién eres, venerable
                 caduco, a quien los cielos admirable   35
                 han hecho con prodigio milagroso?

Alberto   Yo soy, ¡oh capitán!, el más dichoso
                 de cuantos hombres hay, que ha merecido
                 ser sacerdote indigno; yo he leído
                 en Bolonia sagrada teología   40
                 cuarenta y cuatro años.
                 Su Santidad me daba
                 de Trento el obispado,
                 premio de mis estudios; y admirado
                 de ver que yo tenía   45
                 cuenta de tantas almas,

y que apenas la daba de la mía,
los laureles dejé, dejé las palmas,
y huyendo sus engaños
vengo a buscar seguros desengaños   50
en estas soledades,
donde viven desnudas las verdades.
Paso a Roma, a que el Papa me conceda
licencia, capitán, para que pueda
fundar un orden santo de eremitas,   55
mas tu saña atrevida
quita el hilo a mi suerte, y a la vida.

Eusebio   ¿Qué libro es este?

Alberto   Este es el fruto,
que rinde a mis estudios el tributo
de tantos años.

Eusebio   ¿Qué es lo que contiene?   60

Alberto   Él trata del origen verdadero
de aquel divino y celestial madero;
el libro, al fin, se llama,
Milagros de la Cruz.

Eusebio   ¡Qué bien la llama
de aquel plomo inclemente,   65
más que la cera se mostró obediente!
¡Pluguiera Dios, mi mano,
antes que blanco su papel hiciera,
de aquel golpe tirano,
entre su fuego ardiera!   70
Lleva ropa y dinero,
y la vida; solo este libro quiero.

| | Y vosotros salilde acompañando | |
| | hasta dejarle libre. | |

Alberto	Iré rogando	
	al Señor te dé luz para que veas	75
	el error en que vives.	

Eusebio	Si deseas	
	mi bien, pídele a Dios que no permita	
	muera sin confesión.	

Alberto	Yo te prometo,	
	seré ministro en tan piadoso efeto,	
	y te doy mi palabra,	80
	(tanto en mi pecho tu clemencia labra),	
	que si me llamas en cualquiera parte,	
	dejaré mi desierto	
	por ir a confesarte:	
	un sacerdote soy; mi nombre, Alberto.	85

| Eusebio | ¿Tal palabra me das? | |

| Alberto | Y la confieso | |
| | con la mano. | |

(Vase, y sale Chilindrina, bandolero.)

| Eusebio | Otra vez tus plantas beso. | |

| Chilindrina | Hasta venir a hablarte | |
| | el monte atravesé de parte a parte. | |

| Eusebio | ¿Qué hay, amigo? | |

| Chilindrina | Dos nuevas harto malas. | 90 |

Eusebio
A mi temor el sentimiento igualas.
¿Qué son?

Chilindrina
Es la primera,
(decirla no quisiera),
que al padre de Lisardo
han dado...

| Eusebio | Acaba, que el efeto aguardo. | 95 |

Chilindrina
...comisión de prenderte o de matarte.

Eusebio
Esotra nueva temo
más, porque con un confuso extremo
al corazón parece que camina
toda el alma, adivina   100
de algún futuro daño.
¿Qué ha sucedido?

Chilindrina
A Julia...

Eusebio
No me engaño
en prevenir tristezas,
si para ver mi mal por Julia empiezas.
¿Julia no me dijiste?   105
Pues eso basta para verme triste.
¡Mal haya amén la rigurosa estrella,
que me obligó a querella!
En fin, Julia..., prosigue.

| Chilindrina | En un convento seglar está. | 110 |

Eusebio
¡Que el cielo me castigue
con tan grandes venganzas,
de perdidos deseos,
de muertas esperanzas,
que de los mismos cielos,   115
por quien me deja vengo a tener celos!
Mas ya tan atrevido,
que viviendo matando,
me sustento robando:
no puedo ser peor de lo que he sido.   120
Despéñese el intento,
pues ya se ha despeñado el pensamiento.
Llama a Celio, y Ricardo.

[Aparte.]
¡Amando muero!

Chilindrina
Yo voy por él.

(Vase.)

Eusebio
Ve, y dile que aquí espero:
asaltaré el convento que la guarda.   125
Ningún grave castigo me acobarda,
que por verme señor de su hermosura,
tirano amor me fuerza
a acometer la fuerza,
a romper la clausura   130
y a violar el sagrado;
que ya del todo estoy desesperado;
pues si no me pusiera
amor en tales puntos,
solamente lo hiciera   135
por cometer tantos delitos juntos.

(Salen Gil y Menga.)

Menga   Mas ¿qué topamos con él,
                         según mezquina nací?

Gil   Menga, ¿yo no voy aquí?
                         No temas ese cruel   140
                         capitán de buñuleros,
                         ni el toparlos te alborote,
                         que honda llevo yo, y garrote.

Menga   Temo, Gil, sus hechos fieros,
                         si no, a Silvia a mirar ponte   145
                         cuando aquí la acometió,
                         que doncella al monte entró,
                         y dueña salió del monte,
                         que no es peligro pequeño.

Gil   Conmigo fuera cruel,   150
                         que también entro doncel,
                         y pudiera salir dueño.

Menga [A Eusebio.]   ¡Ah, señor, que va perdido,
                         que anda Eusebio por aquí!

Gil   No eche, señor, por ahí.   155

Eusebio [Aparte.]   Estos no me han conocido,
                         y quiero disimular.

Gil   ¿Quiere que aquese ladrón
                         le mate?

Eusebio [Aparte.]   (Villanos son.)
                         ¿Con qué podré yo pagar   160

ese aviso?

Gil

Con huir
de ese bellaco.

Menga

Si os coge,
señor, aunque no le enoje
ni vuestro hacer ni decir,
luego os matará; y creed   165
que con poner tras la ofensa
una cruz encima, piensa
que os hace mucha merced.

(Salen Ricardo y Celio.)

Ricardo

¿Dónde le dejaste?

Celio

Aquí.

Gil

Es un ladrón, no le esperes.   170

Ricardo

Eusebio, ¿qué es lo que quieres?

Gil

¿Eusebio le llamó?

Menga

Sí.

Eusebio

Eusebio soy, ¿pues qué os mueve
contra mí? ¿no hay quien responda?

Menga

Gil, ¿tienes garrote y honda?   175

Gil

Tengo el diablo que te lleve.

Celio	Por los apacibles llanos	
	que hace del monte la falda,	
	a quien guarda el mar la espalda,	
	vi un escuadrón de villanos	180
	que armado contra ti viene,	
	y pienso que se avecina;	
	que así Curcio determina	
	la venganza que previene.	
	Mira qué piensas hacer,	185
	junta tu gente, y partamos.	

Eusebio	Mejor es que agora huyamos,	
	que esta noche hay más que hacer.	
	Venid conmigo los dos,	
	de quien justamente fío	190
	la opinión y el honor mío.	

| Ricardo | Muy bien puedes, que por Dios, | |
| | que he de morir a tu lado. | |

Eusebio	Villanos, vida tenéis	
	solo porque le llevéis	195
	a mi enemigo un recado.	
	Decid a Curcio que yo	
	con tanta gente atrevida,	
	solo defiendo la vida,	
	pero que le busco, no.	200
	Y que no tiene ocasión	
	de buscarme desta suerte,	
	pues no di a Lisardo muerte	
	con engaño o con traición.	
	Cuerpo a cuerpo le maté,	205
	sin ventaja conocida,	
	y antes de acabar la vida	

	en mis brazos le llevé	
	adonde se confesó,	
	digna acción para estimarse;	210
	mas que si quiere vengarse,	
	que he de defenderme yo.	
[A los bandoleros.]	Y agora, porque no vean	
	aquestos por donde vamos,	
	ataldos entre estos ramos;	215
	paredes sus ojos sean,	
	porque no avisen.	
Ricardo	Aquí	
	hay cordel.	
Celio	Pues llega presto.	
Gil	De San Sebastián me han puesto.	
Menga	De San Sebastián a mí,	220
	mas ate cuanto quisiere,	
	señor, como no me mate.	
Gil	Oye, señor, no me ate,	
	y puto sea yo si huyere.	
	Jura tú, Menga, también	225
	este mismo juramento.	
Celio	Ya están atados.	
Eusebio	Mi intento	
	se va ejecutando bien.	
	La noche amenaza oscura	
	tendiendo su negro velo.	230
	Julia, aunque te guarde el cielo,	

he de gozar tu hermosura.

(Vanse.)

Gil   ¿Quién habrá que agora nos vea,
Menga, aunque caro nos cueste,
que no diga que es aqueste   235
Peralvillo del Aldea?

Menga   Vete llegando hacia aquí,
Gil, que yo no puedo andar.

Gil   Menga, venme a desatar,
y yo te desataré a ti   240
luego al punto.

Menga   Ven primero
tú, que ya estas importuno.

Gil   ¿Es decir, que vendrá alguno?
Pondré que falta un arriero
las tres ánades cantando,   245
un caminante pidiendo,
un estudiante comicndo,
una santera rezando,
hoy en aqueste camino,
lo que a ninguno faltó,   250
mas la culpa tengo yo.

[Una voz.] (Dentro.)   Hacia esta parte imagino
que oigo voces, llegad presto.

Gil   Señor, en buen hora acuda
a desatar una duda   255

en que ha rato que estoy puesto.

Menga   Si acaso buscáis, señor,
                  por el monte algún cordel,
                  yo os puedo servir con él.

Gil   Este es más gordo y mijor.   260

Menga   Yo, por ser mujer, espero
                  remedio en las ansias mías.

Gil   No repare en cortesías,
                  desáteme a mí primero.

(Salen Curcio, Tirso y Octavio.)

Tirso   Hacia aquesta parte suena   265
                  la voz.

Gil   ¡Que te quemas!

Tirso   Gil,
                  ¿qué es esto?

Gil   El diablo es sutil;
                  desata, Tirso, y mi pena
                  te diré después.

Curcio   ¿Qué es esto?

Menga   Venga en buen hora, señor,   270
                  a castigar un traidor.

Curcio   ¿Quién desta suerte os ha puesto?

Gil	¿Quién? Eusebio, que, en efeto,	
	dice... pero ¿qué sé yo	
	lo que se dice? Él nos dejó	275
	aquí en semejante aprieto.	

Tirso	No llores, pues que no ha estado	
	hoy muy poco liberal	
	contigo.	

Blas	No lo ha hecho mal,	
	pues a Menga te ha dejado.	280

Gil	¡Ay Tirso! No lloro yo	
	porque piadoso no fue.	

Tirso	¿Pues por qué lloras?	

Gil	¿Por qué?	
	Porque a Menga se dejó.	
	La de Antón llevó, y al cabo	285
	de seis, que no parecía,	
	halló a su mujer un día;	
	hicimos un baile bravo	
	del hallazgo, y gastó cien reales.	

Blas	¿Bartolo no se casó	290
	con Catalina, y parió	
	a seis meses no cabales?	
	Y andaba con gran placer	
	diciendo: «¡Si tú le vieses!,	
	lo que otra hace en nueve meses,	295
	hace en cinco mi mujer».	

Tirso   Ello, no hay honra segura.

Curcio   ¡Que esto llegue a escuchar yo
               deste tirano! ¿Quién vio
               tan notable desventura?   300

Menga   Cómo destruirle piensa,
               que hasta las mismas mujeres
               tomaremos, si tú quieres,
               las armas contra su ofensa.

Gil   Aquí acude lo más cierto,   305
               toda aquesta procesión
               de cruces que miras son,
               señor, de hombres que ha muerto.

Octavio   Es aquí lo más secreto,
               de todo el monte.

Curcio [Aparte.]   Y aquí   310
               fue, ¡cielos!, donde yo vi
               aquel milagroso efeto
               de inocencia y castidad,
               cuya beldad, atrevido,
               tantas veces he ofendido   315
               con dudas, siendo verdad
               un milagro tan patente.

Octavio   Señor, ¿qué nueva pasión
               causa tu imaginación?

Curcio   Rigores que el alma siente   320
               son, Octavio, y mis enojos
               para publicar mi mengua,

como los niego a la lengua,
me van saliendo a los ojos.
Haz, Octavio, que me deje   325
solo esa gente que sigo,
porque aquí de mí y conmigo
hoy a los cielos me queje.

Octavio   Ea soldados, despejad.

Blas   ¿Qué decís?

Tirso   ¿Qué pretendéis?   330

Gil   Despiojad, ¿no lo entendéis?,
                 que nos vamos a espulgar.

(Vanse.)

Curcio   ¿A quién no habrá sucedido,
                 tal vez lleno de pesares,
                 descansar consigo a solas,   335
                 por no descubrirse a nadie?
                 Yo, a quien tantos pensamientos
                 a un tiempo afligen, que hacen
                 con lágrimas y suspiros
                 competencia al mar y al aire,   340
                 compañero de mí mismo
                 en las mudas soledades,
                 con la pensión de mis bienes
                 quiero divertir mis males.
                 Ni las aves, ni las fuentes   345
                 sean testigos bastantes;
                 que al fin las fuentes murmuran
                 y tienen lenguas las aves.

No quiero más compañía
de aquestos troncos salvajes,   350
que quien escucha y no aprende,
será fuerza que no hable.
Teatro este monte fue
del suceso más notable,
que entre prodigios de celos   355
cuentan las antigüedades,
de una inocente verdad.
Pero ¿quién podrá librarse
de sospechas, en quien son
mentirosas las verdades?   360
Muerte de amor son los celos,
que no perdonan a nadie,
ni por humilde le dejan,
ni le respetan por grave.
Aquí, pues, donde yo digo,   365
Rosmira, y yo... De acordarme,
no es mucho que el alma tiemble,
no es mucho que la voz falte,
que no hay flor que no me asombre,
no hay hoja que no me espante,   370
no hay piedra que no me admire,
tronco que no me acobarde,
peñasco que no me oprima,
monte que no me amenace;
porque todos son testigos   375
de una hazaña tan infame.
Saqué al fin la espada, y ella,
sin temerme y sin turbarse,
porque en riesgos de honor nunca
el inocente es cobarde: 380
«Esposo —dijo—, detente;
no digo que no me mates,

si es tu gusto, porque yo
¿cómo he de poder negarte
la misma vida que es tuya?   385
Solo te pido que antes
me digas por lo que muero,
y déjame que te abrace».
Yo la dije: «En tus entrañas,
como la víbora, traes   390
a quien te ha de dar la muerte.
Indicio ha sido bastante
el parto infame que esperas;
mas no lo verás, que antes,
dándote muerte, seré   395
verdugo tuyo y de un ángel».
«Si acaso —me dijo entonces—,
si acaso, esposo, llegaste
a creer flaquezas mías,
justo será que me mates.   400
Mas a esta cruz abrazada,
a esta que estaba delante,
—prosiguió—, doy por testigo
de que no supe agraviarte
ni ofenderte, que ella sola   405
será justo que me ampare».
Bien quisiera entonces yo,
arrepentido, arrojarme
a sus pies, porque se vía
su inocencia en su semblante.   410
El que intenta una traición
antes mire lo que hace,
porque una vez declarado,
aunque procure enmendarse,
por decir que tuvo causa,   415
lo ha de llevar adelante.

Yo, pues, no porque dudaba
ser la disculpa bastante,
sino porque mi delito
más amparado quedase,   420
el brazo levanté airado,
tirando por varias partes
mil heridas, pero solo
las ejecuté en el aire.
Por muerta al pie de la cruz   425
quedó, y queriendo escaparme,
a casa llegué, y halléla
con más belleza que sale
el alba, cuando en sus brazos
nos presenta el Sol infante.   430
Ella en sus brazos tenía
a Julia, divina imagen
de hermosura y discreción,
(¿qué gloria puede igualarse
a la mía?), que su parto   435
había sido aquella tarde
al mismo pie de la cruz;
y por divinas señales
con que al mundo descubría
Dios un milagro tan grande,   440
la niña que había parido,
dichosa con señales tales,
tenía en el pecho una cruz
labrada de fuego y sangre.
Pero que tanta ventura   445
templaba, que se quedase
otra criatura en el monte,
que ella, entre penas tan graves,
sintió haber parido dos;
y yo entonces...

Octavio   Por el valle   450
                 atraviesa un escuadrón
                 de bandoleros, y antes
                 que cierre la noche triste,
                 será bien, señor, que baje
                 a buscarlos, no oscurezca;   455
                 porque ellos el monte saben,
                 y nosotros no.

Curcio   Pues junta
                 la gente vaya delante,
                 que no hay gloria para mí
                 hasta llegar a vengarme.   460

(Vanse y salen Eusebio, Celio y Ricardo con una escala.)

Ricardo   Llega con silencio y pon
                 a esa parte las escalas.

Eusebio   Ícaro seré sin alas,
                 sin fuego seré Faetón,
                 escalar al Sol intento,   465
                 y si me quiere ayudar
                 la luz, tengo de pasar
                 más allá del firmamento.
                 Amor ser tirano enseña;
                 en subiendo yo, quitad   470
                 esa escala y esperad
                 hasta que os haga una seña.
                 Quien subiendo se despeña,
                 suba yo y baje ofendido,
                 en cenizas convertido;   475
                 que la pena del bajar,

no será parte a quitar
la gloria de haber subido.

Ricardo   ¿Qué esperas?

Celio   Pues ¿qué rigor
tu altivo orgullo embaraza?   480
¿No veis cómo me amenaza
un vivo fuego?

Ricardo   Señor,
fantasmas son del temor.

Eusebio   ¿Yo temor?

Celio   Sube.

Eusebio   Ya llego,
aunque a tantos rayos ciego   485
por las llamas he de entrar,
que no podrá estorbar
de todo el infierno el fuego.

Celio   Ya entró.

Ricardo   Alguna fantasía
de su mismo horror fundada,   490
en la idea acreditada,
o alguna ilusión sería.

Celio   Quita la escala.

Ricardo   Hasta el día
aquí le hemos de esperar.

Celio   Atrevimiento fuera entrar,   495
                          aunque yo de mejor gana
                          me fuera con mi villana,
                          mas después habrá lugar.

(Vanse, y sale Eusebio.)

Eusebio   Por todo el convento he andado
                          sin ser de nadie sentido,   500
                          y por cuanto he discurrido
                          de mi destino guiado,
                          a mil celdas he llegado
                          de religiosas, que abiertas
                          tienen las estrechas puertas,   505
                          y en ninguna a Julia vi.
                          ¿Dónde me lleváis así,
                          esperanzas siempre inciertas?
                          ¡Qué horror! ¡Qué silencio mudo!
                          ¡Qué oscuridad tan funesta!   510
                          Luz hay aquí; celda es esta,
(Corre una cortina.)   y en ella Julia, ¿qué dudo?
                          ¿Tan poco el valor ayudo,
                          que agora en hablalla tardo?
                          ¿Qué es lo que espero? ¿Qué aguardo?   515
                          Mas con impulso dudoso,
                          si me animo temeroso,
                          animoso me acobardo.
                          Más belleza la humildad
                          deste traje la asegura,   520
                          que en la mujer la hermosura
                          es la misma honestidad.
                          Su peregrina beldad,
                          de mi torpe amor objeto,

	hace en mí mayor efeto;	525
	que a un tiempo a mi amor incito,	
	con la hermosura, apetito;	
	con la honestidad, respeto.	
	¡Julia! ¡Ah Julia!	

Julia   ¿Quién me nombra?
                Mas, ¡cielos!, ¿qué es lo que veo?   530
                ¿Eres sombra del deseo,
                o del pensamiento sombra?

Eusebio   ¿Tanto el mirarme te asombra?

Julia   Pues ¿quién habrá que no intente
                huir de ti?

Eusebio   Julia, detente.   535

Julia   ¿Qué quieres, forma fingida,
                de la idea repetida?
                ¿Solo a la vista aparente,
                eres, para pena mía,
                voz de la imaginación?,   540
                ¿retrato de la ilusión?,
                ¿cuerpo de la fantasía?,
                ¿fantasma en la noche fría?

Eusebio   Julia, escucha; Eusebio soy,
                que vivo a tus pies estoy;   545
                que si el pensamiento fuera,
                siempre contigo estuviera.

Julia   Desengañándome voy
                con oírte, y considero

que mi recato ofendido,   550
más te quisiera fingido,
Eusebio, que verdadero.
Donde yo llorando muero,
donde yo vivo penando,
¿qué quieres? ¡Estoy temblando!   555
¿Qué buscas? ¡Estoy muriendo!
¿Qué emprendes? ¡Estoy temiendo!
¿Qué intentas? ¡Estoy dudando!
¿Cómo has llegado hasta aquí?

Eusebio   Todo es extremos amor,   560
y mi pena y tu rigor
hoy han de triunfar de mí.
Hasta verte aquí sufrí
con esperanza segura;
pero viendo tu hermosura   565
perdida, he atropellado
el respeto del sagrado,
y la ley de la clausura.
De lo cierto, o de lo injusto,
los dos la culpa tenemos,   570
y en mí vienen dos extremos,
que son la fuerza y el gusto.
No puede darle disgusto
al cielo mi pretensión:
antes desta ejecución   575
casada eras en secreto,
y no cabe en un sujeto
matrimonio y religión.

Julia   No niego el lazo amoroso,
que hizo con felicidades   580
unir a dos voluntades;

que fue su efeto forzoso,
que te llamé amado esposo
y que todo eso fue así,
confieso; pero ya aquí,   585
con voto de religiosa,
a Cristo de ser su esposa
mano y palabra le di.
Ya soy suya, ¿qué me quieres?
Vete, porque el mundo asombres,   590
donde mates a los hombres,
donde fuerces las mujeres.
Vete, Eusebio; ya no esperes
fruto de tu loco amor;
para que te cause horror,   595
que estoy en sagrado piensa.

Eusebio   Cuanto es mayor tu defensa,
                 es mi apetito mayor.
                 Ya las paredes salté
                 del convento, ya te vi;   600
                 no es amor quien vive en mí,
                 causa más oculta fue.
                 Cumple mi gusto, o diré
                 que tú misma me has llamado,
                 que me has tenido encerrado   605
                 en tu celda muchos días,
                 y pues las desdichas mías
                 me tienen desesperado,
                 daré voces: sepan...

Julia   Tente,
                 Eusebio, mira... ¡ay de mí!,   610
                 pasos siento por aquí,
                 al coro atraviesa gente.

¡Cielo, no sé lo que intente!
Cierra esa celda, y en ella
estarás, pues atropella   615
un temor a otro temor.

Eusebio   ¡Qué poderoso es mi amor!

Julia   ¡Qué rigurosa mi estrella!

Ricardo   Ya son las tres, mucho tarda.

Celio   El que goza su ventura,   620
                 Ricardo, en la noche oscura,
                 nunca el claro Sol aguarda.
                 Yo apuesto que le parece
                 que nunca el Sol madrugó
                 tanto, y que hoy apresuró   625
                 su curso.

Ricardo   Siempre amanece
                 más temprano a quien desea;
                 pero al que goza, más tarde.

Celio   No creas que al Sol aguarde
                 que en el oriente se vea.   630

Ricardo   Dos horas son ya.

Celio   No creo
                 que Eusebio lo diga.

Ricardo   Es justo,
                 porque al fin son de su gusto
                 las horas de tu deseo.

Celio	¿No sabes lo que he llegado	635
	hoy, Ricardo, a sospechar?	
	Que Julia le envió a llamar.	

Ricardo	Pues si no fuera llamado,
	¿quién a escalar se atreviera
	un convento?

| Celio | ¿No has sentido, | 640 |
| | Ricardo, a esta parte ruido? | |

Ricardo   Sí.

Celio   Pues llega la escalera.

Eusebio   Déjame, mujer.

Julia	Pues cuando
	vencida de tus deseos,
	movida de tus suspiros,	645
	obligada de tus ruegos,
	de tu llanto agradecida,
	dos veces a Dios ofendo,
	como a Dios y como a esposo,
	¡mis brazos dejas, haciendo	650
	sin esperanzas desdenes,
	y sin posesión desprecios!
	¿Dónde vas?

Eusebio	Mujer, ¿qué intentas?
	Déjame, que voy huyendo
	de tus brazos, porque he visto	655
	no sé qué deidad en ellos.

Llamas arrojan tus ojos,
tus suspiros son de fuego,
un volcán cada razón,
un rayo cada cabello,   660
cada palabra es mi muerte,
cada regalo un infierno;
tantos temores me causa
la cruz que he visto en tu pecho.
Señal prodigiosa ha sido,   665
y no permitan los cielos
que, aunque tanto los ofenda,
pierda a la cruz el respeto;
porque si la hago testigo
de las culpas que cometo,   670
¿con qué vergüenza después
llamarla en mi ayuda puedo?
Quédate en tu religión,
Julia, yo no te desprecio,
pues más agora te adoro.   675

Julia   Escucha, detente, Eusebio.

Eusebio   Esta es la escala.

Julia   Detente,
                 o llévame allá.

Eusebio   No puedo,
                 pues que sin gozar la gloria
                 que tanto esperé, te dejo.   680
                 ¡Válgame el cielo! Caí.

Ricardo   ¿Qué ha sido?

Eusebio   ¿No ves la esfera del fuego
           poblada de ardientes rayos?
           ¿No miras sangriento el cielo,
           que todo sobre mí viene?   685
           ¿Dónde estar seguro puedo,
           si airado el cielo se muestra?
           Divina cruz, yo os prometo
           y os hago solemne voto,
           con cuantas cláusulas puedo,   690
           de en cualquier parte que os vea,
           las rodillas por el suelo,
           rezar un Ave María.

(Vanse llevándole, y dejan la escalera.)

Julia   Turbada y confusa quedo.
           ¿Aquestas fueron, ingrato,   695
           las firmezas? ¿Estos fueron
           los extremos de tu amor?
           ¿O son de mi amor extremos?
           Hasta vencerme a tu gusto,
           con amenazas, con ruegos,   700
           aquí amante, allí tirano
           porfiaste; pero luego
           que de tu gusto y mi pena
           pudiste llamarte dueño,
           antes de vencer, huiste.   705
           ¿Quién, sino tú, venció huyendo?
           ¡Muerta soy, cielos piadosos!
           ¿Por qué introdujo venenos
           Naturaleza, si había,
           para dar muerte, desprecios?   710
           Ellos me quitan la vida,
           pues que con nuevo tormento

lo que me desprecia busco.
¿Quién vio tan dudoso efeto
de amor? Cuando me rogaba   715
con mil lágrimas, Eusebio,
le dejaba, pero agora,
porque él me deja, le ruego.
Tales somos las mujeres,
que, contra nuestros deseos,   720
aun no queremos dar gusto
con lo mismo que queremos.
Ninguno nos quiera bien,
si pretende alcanzar premio,
que queridas despreciamos,   725
y aborrecidas queremos.
No siento que no me quiera,
solo que me deje siento.
Por aquí cayó; tras él
me arrojaré. Mas ¿qué es esto?,   730
¿Esta no es escala? Sí.
¡Qué terrible pensamiento!
Detente, imaginación,
no me despeñes, que creo
que si llego a consentir,   735
a hacer el delito llego.
¿No saltó Eusebio por mí
las paredes del convento?
¿No me holgué de verle yo
en tantos peligros puesto   740
por mi causa? Pues ¿qué dudo?
¿Qué me acobardo? ¿Qué temo?
Lo mismo haré yo en salir,
que él en entrar: si es lo mismo,
también se holgará de verme   745
por su causa en tales riesgos.

Ya, por haber consentido,
la misma culpa merezco;
que si es tan grande el pecado,
¿por qué el gusto ha de ser menos?   750
Si consentí y me dejó
Dios de su mano, ¿no puedo
de una culpa que es tan grande
tener perdón? Pues ¿qué espero?
Al mundo, al honor, a Dios,   755
hallo perdido el respeto,
cuando a ceguedad tan grande
vendados los ojos vuelvo.
Demonio soy, que he caído
despeñado deste cielo,   760
pues sin tener esperanzas
de subir, no me arrepiento.
Ya estoy fuera de sagrado,
y de la noche el silencio,
con su oscuridad me tiene   765
cubierta de horror y miedo.
Tan deslumbrada camino,
que en las tinieblas tropiezo,
y aun no caigo en mi pecado.
¿Dónde voy? ¿Qué hago? ¿Qué intento?   770
Con la muda confusión
de tantos temores, temo
que se me altera la sangre,
que se me eriza el cabello.
Turbada la fantasía,   775
en el aire forma cuerpos,
y sentencias contra mí
pronuncia la voz del eco.
El delito, que antes era
quien me animaba, soberbio,   780

es quien me acobarda agora.
Apenas las plantas puedo
mover, que el mismo temor
grillos a mis pies ha puesto.
Sobre mis hombros parece   785
que caiga un prolijo peso
que me oprime, y toda yo
estoy cubierta de yelo.
No quiero pasar de aquí,
quiero volverme al convento,   790
donde de aqueste pecado
alcance perdón; pues creo
de la clemencia divina,
que no hay luces en el cielo,
que no hay en el mar arenas,   795
no hay átomos en el viento,
que sumados todos juntos,
no sean número pequeño
de los pecados que sabe
Dios perdonar. Pasos siento.   800
A esta parte me retiro
en tanto que pasan; luego
subiré sin que me vean.

(Salen Ricardo y Celio.)

Ricardo   Con el espanto de Eusebio,
                 aquí se quedó la escala,   805
                 y agora por ella vuelvo,
                 no aclare el día y la vean
                 a esta pared.

(Vuélvense a entrar los dos con la escala.)

Julia

Ya se fueron,
agora podré subir
sin que me sientan. ¿Qué es esto?   810
¿No es aquesta la pared
de la escala? Pero creo
que hacia estotra parte está.
Ni aquí está tampoco. ¡Cielos!
¿Cómo he de subir sin ella?   815
Mas ya mi desdicha entiendo:
desta suerte me negáis
la entrada vuestra, pues creo
que cuando quiera subir
arrepentida, no puedo.   820
Pues si ya me habéis negado
vuestra clemencia, mis hechos
de mujer desesperada
darán asombros al cielo,
darán espantos al mundo,   825
admiración a los tiempos,
horror al mismo pecado,
y terror al mismo infierno.

Fin de la segunda jornada

Jornada tercera

(Sale Gil con muchas cruces, y una muy grande al pecho.)

Gil

Por leña a este monte voy,
que Menga me lo ha mandado,
y para ir seguro he hallado
una brava invención hoy.
Que de la cruz diz que es   5
devoto Eusebio, y así
he salido armado aquí
de la cabeza a los pies.
Dicho y hecho. ¡Él es, pardiez!;
no topo, lleno de miedo,   10
donde estar seguro puedo;
sin alma quedo. Esta vez
no me ha visto; yo quisiera
esconderme hacia este lado
mientras pasa; yo he tomado   15
por guarda una cambronera
para esconderme. ¡No es nada!
Tanta púa es la más chica.
¡Pléguete Cristo!, más pica
que perder una trocada,   20
más que sentir un desprecio
de una dama Fierabrás,
que a todos admite, y más
que tener celos de un necio.

(Sale Eusebio.)

Eusebio

No sé dónde podré ir,   25
larga vida un triste tiene,
que nunca la muerte viene

a quien le cansa el vivir.
Julia, yo me vi en tus brazos,
cuando tan dichoso era,   30
que de tus brazos pudiera
hacer amor nuevos lazos.
Sin gozar al fin dejé
la gloria que no tenía;
mas no fue la causa mía,   35
causa más secreta fue,
pues teniendo mi albedrío,
superior efeto ha hecho
que yo respete en tu pecho
la cruz que tengo en el mío.   40
Y pues con ella los dos,
¡ay Julia!, habemos nacido,
secreto misterio ha sido,
que lo entiende solo Dios.

Gil [Aparte.]   Mucho pica, ya no puedo   45
                       más sufrillo.

Eusebio   Entre estos ramos
                       hay gente. ¿Quién va?

Gil [Aparte.]   Aquí echamos
                       a perder todo el enredo.

Eusebio [Aparte.]   Un hombre a un árbol atado,
                       y una cruz al cuello tiene;   50
                       cumplir mi voto conviene
                       en el suelo arrodillado.

Gil   ¿A quién, Eusebio, enderezas
                       la oración, o de qué tratas?

| | Si me adoras, ¿qué me atas? | 55 |
| | Si me atas, ¿qué me rezas? | |

Eusebio   ¿Quién es?

Gil   ¿A Gil no conoces?
             Desde que con el recado
             aquí me dejaste atado,
             no han aprovechado voces,   60
             para que alguien (¡qué rigor!)
             me llegase a desatar.

Eusebio   Pues no es aqueste el lugar
             donde te dejé.

Gil   Señor,
             es verdad; mas yo, que vi   65
             que nadie llegaba, he andado
             de árbol en árbol atado
             hasta haber llegado aquí.
             Aquesta la causa fue
             de suceso tan extraño.   70

(Desátale.)

Eusebio [Aparte.]   (Este es simple, y de mi daño
             cualquier suceso sabré.)
             Gil, yo te tengo afición,
             desde que otra vez hablamos,
             y aquí quiero que seamos   75
             amigos.

Gil   Tiene razón,
             y quisiera, pues nos vemos

tan amigos, no ir allá,
sino andarme por acá,
pues aquí todos seremos   80
buñuleros, que diz que es
holgada vida, y no andar
todo el año a trabajar.

Eusebio   Quédate conmigo, pues.

(Sale Ricardo y bandoleros, y traen a Julia vestida de hombre, y cubierto el
rostro.)

Ricardo   En lo bajo del camino,   85
                 que esta montaña atraviesa,
                 ahora hicimos una presa,
                 que según es, imagino,
                 que te dé gusto.

Eusebio   Está bien;
                 luego della trataremos.   90
                 Sabe agora que tenemos
                 un nuevo soldado.

Ricardo   ¿Quién?

Gil   Gil, ¿no me ve?

Eusebio   Este villano,
                 aunque le veis inocente,
                 conoce notablemente   95
                 desta tierra monte y llano,
                 y en él será nuestra guía.
                 Fuera desto al campo irá
                 del enemigo, y será

	en él mi perdida espía. 100
	Arcabuz le podéis dar,
	y un vestido.

Celio   Ya está aquí.

Gil   Tengan lástima de mí,
           que me quedo a bandolear.

Eusebio   ¿Quién es ese gentilhombre,   105
           que el rostro encubre?

Ricardo   No ha sido
           posible que haya querido
           decir la patria y el nombre,
           porque al capitán no más
           dice que lo ha de decir.   110

Eusebio   Bien te puedes descubrir,
           pues ya en mi presencia estás.

Julia   ¿El capitán sois?

Eusebio   Sí.

Julia   ¡Ay Dios!

Eusebio   Dime quién eres y a qué
           viniste.

Julia   Yo lo diré   115
           estando solos los dos.

Eusebio   Retiraos todos un poco.

(Vanse.)   Ya estás a solas conmigo;
                            solos árboles y flores,
                            pueden ser mudos testigos   120
                            de tus voces; quita el velo
                            con que cubierto has traído
                            el rostro, y dime, ¿quién eres?
                            ¿Dónde vas? ¿Qué has pretendido?
                            Habla.

Julia   Porque de una vez   125
                            sepas a lo que he venido,
                            y quién soy, saca la espada,
                            pues desta manera digo,
                            que soy quien viene a matarte.

Eusebio   Con la defensa resisto   130
                            tu osadía y mi temor,
                            porque mayor había sido
                            de la acción que de la voz.

Julia   Riñe, cobarde, conmigo,
                            y verás que con tu muerte   135
                            vida y confusión te quito.

Eusebio   Yo, por defenderme, más
                            que por ofenderte, riño,
                            que ya tu vida me importa,
                            que si en este desafío   140
                            te mato, no sé porqué,
                            y si me matas lo mismo.
                            Descúbrete agora pues,
                            si te agrada.

Julia   Bien has dicho,

	porque en venganzas de honor,	145
	si no es que conste el castigo	
	al que fue ofensor, no queda	
	satisfecho el ofendido.	
(Descúbrese.)	¿Conócesme? ¿Qué te espantas?	
	¿Qué me miras?	

Eusebio
Que rendido   150
a la verdad y a la duda
en confusos desvaríos,
me espanto de lo que veo,
me asombro de lo que miro.

Julia
Ya me has visto.

Eusebio
Sí, y de verte   155
mi confusión ha crecido
tanto, que si antes de agora
alterados mis sentidos,
desearon verte, ya
desengañados, lo mismo   160
que dieran antes por verte,
dieran por no haberte visto.
¿Tú, Julia, tú en este monte?
¿Tú con profano vestido,
dos veces violento en ti?   165
¿Cómo sola aquí has venido?
¿Qué es esto?

Julia
Desprecios tuyos
y desengaños míos.
Y porque veas que es flecha
disparada, ardiente tiro,   170
veloz rayo, una mujer

que corre tras su apetito.
No solo me han dado gusto
los pecados cometidos
hasta agora, mas también   175
me la dan si los repito.
Salí del convento, fui
al monte, y porque me dijo
un pastor que mal guiada
iba por aquel camino,   180
neciamente temerosa,
por evitar mi peligro
le aseguré y le di muerte,
siendo instrumento un cuchillo
que en la petrina traía.   185
Con este, que fue ministro
de la muerte, a un caminante
que cortésmente previno
en las ancas de un caballo
a tanto cansancio alivio,   190
a la vista de una aldea,
porque entrar en ella quiso,
huyendo al poblado paga
con la muerte el beneficio.
Tres días fueron, y noches   195
los que aquel desierto me hizo
mesa de silvestres plantas,
lechos de peñascos fríos.
Llegué a una pobre cabaña,
a cuyo techo pajizo   200
juzgué pabellón dorado
en la paz de mis sentidos.
Liberal huéspeda fue
una serrana conmigo,
compitiendo en los deseos   205

con el pastor, su marido.
A la hambre y al cansancio
dejé en su albergue vencidos
con buena mesa; aunque pobre,
manjar; aunque humilde, limpio.			210
Pero al despedirme dellos,
habiendo antes prevenido,
que al buscarme no pudiesen
decir: «Nosotros la vimos»;
al cortés pastor, que al monte			215
salió a enseñarme el camino,
maté, y entré donde luego
hago en su mujer lo mismo.
Mas considerando entonces,
que en este vestido mío			220
mi pesquisidor llevaba,
mudármele determino.
Al fin, pues, por varios casos,
con las armas y el vestido
de un cazador, cuyo sueño,			225
no imagen, trasunto vivo
fue de la muerte, llegué
aquí venciendo peligros,
despreciando inconvenientes,
y atropellando desinios.			230

Eusebio			Con tanto asombro te escucho,
con tanto temor te miro,
que eres al oído encanto,
si a la vista basilisco.
Julia, yo no te desprecio;			235
pero temo los peligros
con que el cielo me amenaza,
yo por eso me retiro.

Vuélvete tú a tu convento,
que yo temeroso vivo   240
de esa cruz tanto, que huyo
de ti. Mas, ¿de qué es este ruido?

(Salen los bandoleros.)

Ricardo   Prevén, señor, la defensa,
                 que, apartados del camino,
                 al monte Curcio y su gente   245
                 en busca tuya han salido.
                 De todas esas aldeas,
                 tanto el número han crecido,
                 que han venido contra ti,
                 viejos, mujeres y niños,   250
                 diciendo que han de vengar
                 en tu sangre la de un hijo
                 muerto a tus manos, y juran
                 de llevarte por castigo,
                 o por venganza de tantos,   255
                 preso a Sena, muerto o vivo.

Eusebio   Julia, después hablaremos.
                 Cubre el rostro y ven conmigo,
                 que no es bien que en poder quedes
                 de tu padre, tu enemigo.   260
                 Soldados, este es el día
                 de mostrar aliento y brío.
                 Porque ninguno desmaye,
                 considere que atrevidos
                 vienen a darnos la muerte,   265
                 o prendernos, que es lo mismo;
                 y si no, en pública cárcel
                 de desdichas perseguidos,

y sin honra, nos veremos;
pues si esto hemos conocido,   270
por la vida y por la honra,
¿quién temió el mayor peligro?
No piensen que los tememos,
salgamos a recibillos,
que siempre está la fortuna   275
de parte del atrevido.

Ricardo   No hay que salir, que ya llegan
                 a nosotros.

Eusebio   Preveníos,
                 y ninguno sea cobarde,
                 que, ¡vive el cielo!, si miro   280
                 huir alguno o retirarse,
                 que he de ensangrentar los filos
                 de aqueste acero en su pecho
                 primero que en mi enemigo.

Curcio (Dentro.) En lo encubierto del monte   285
                 al traidor de Eusebio he visto,
                 y para inútil defensa
                 hace murallas sus riscos.

Otro (Dentro.)   Ya entre las espesas ramas
                 desde aquí los descubrimos.   290

Julia   ¡A ellos!

Eusebio   Esperad, villanos,
                 que, ¡vive Dios!, que teñidos
                 con vuestra sangre los campos
                 han de ser ondosos ríos.

Ricardo   De los cobardes villanos   295
                           es el número excesivo.

Curcio (Dentro.)   ¿Adónde, Eusebio, te escondes?

Eusebio   No escondo, que ya te sigo.

(Ruido dentro, y sale Julia.)

Julia   Del monte que yo he buscado,
                           apenas las yerbas piso,   300
                           cuando horribles voces oigo,
                           marciales campañas miro.
                           De la pólvora los ecos,
                           y del acero los filos,
                           unos ofenden la vista,   305
                           y otros turban el oído.
                           Mas ¿qué es aquello que veo?
                           Desbaratado y vencido
                           todo el escuadrón de Eusebio
                           le deja ya el enemigo.   310
                           Quiero volver a juntar
                           toda la gente que ha habido
                           de Eusebio, y volver a dalles
                           favor, que si los animo,
                           seré en su defensa asombro   315
                           del mundo, seré cuchillo
                           de la parca, estrago fiero
                           de sus vidas, vengativo
                           espanto de los futuros
                           y admiración de los siglos.   320

(Vase y sale Gil de bandolero.)

Gil

Por estar seguro, apenas
fui bandolero novicio,
cuando por ser bandolero
me veo en tanto peligro.
Cuando yo era labrador   325
eran ellos los vencidos,
y hoy, porque soy de la carda,
va sucediendo lo mismo.
Sin ser avariento traigo
la desventura conmigo,   330
pues tan desgraciado soy,
que mil veces imagino
que, a ser yo judío, fueran
desgraciados los judíos.

(Salen Menga y Blas, y otros villanos.)

Menga

¡A ellos, que van huyendo!   335

Blas

No ha de quedar uno vivo
tan solamente.

Menga

Hacia aquí
uno dellos se ha escondido.

Blas

Muera este ladrón.

Gil

Mirad,
que yo soy.

Menga

Ya nos ha dicho   340
el traje que es bandolero.

Gil   El traje les ha mentido
             como muy grande bellaco.

Menga   Dale tú.

Blas   Pégale, digo.

Gil   Bien dado estoy y pegado.   345
             Advertid...

Menga   No hay que advertirnos.
             Bandolero sois.

Gil   Mirad,
             que soy Gil, voto a Cristo.

Menga   ¿Pues no hablaras antes, Gil?

Blas   Pues, Gil, ¿no lo hubieras dicho?   350

Gil   ¿Qué más antes, si el yo soy
             os dije desde el principio?

Menga   ¿Qué haces aquí?

Gil   ¿No lo ves?
             Ofendo a Dios en el quinto:
             mato solo, más que juntos   355
             un médico y un estío.

Menga   ¿Qué traje es este?

Gil   Es el diablo.
             Maté a uno y su vestido

me puse.

Menga   ¿Pues cómo, di,
           no está de sangre teñido   360
           si le mataste?

Gil   Eso es fácil:
           murió de miedo; esta ha sido
           la causa.

Menga   Ven con nosotros,
           que victoriosos seguimos
           los bandoleros, que agora   365
           cobardes nos han huido.

Gil   No más vestido, aunque vaya
           titiritando de frío.

(Vanse, y salen Eusebio y Curcio peleando.)

Curcio   Ya estamos solos los dos,
           gracias al cielo, que quiso   370
           dar la venganza a mi mano
           hoy, sin haber remitido
           a las ajenas mi agravio,
           ni tu muerte a ajenos filos.

Eusebio   No ha sido en esta ocasión   375
           airado el cielo conmigo,
           Curcio, en haberte topado,
           porque si tu pecho vino
           ofendido, volverá
           castigado y ofendido.   380
           Aunque no sé qué respeto

has puesto en mí, que he temido
más tu enojo que tu acero,
y aunque pudieran tus bríos
darme temor, solo temo, 385
cuando aquesas canas miro,
que me hacen cobarde.

Curcio   Eusebio,
yo confieso que has podido
templar en mí de la ira
con que agraviado te miro, 390
gran parte; pero no quiero
que pienses inadvertido
que te dan temor mis canas,
cuando puede el valor mío.
Vuelve a reñir, que una estrella 395
o algún favorable signo
no es bastante a que yo pierda
la venganza que consigo.
Vuelve a reñir.

Eusebio   ¿Yo temor?
Neciamente has presumido 400
que es temor lo que es respeto,
aunque, si verdad te digo,
la victoria que deseo
es, a tus plantas rendido,
pedirte perdón, y a ellas 405
pongo la espada que ha sido
temor de tantos.

Curcio   Eusebio,
no has de pensar que me animo
a matarte con ventaja.

[Aparte.]   Esta es mi espada.   410
                           (Así quito
                           la ocasión de darle muerte.)
                           Ven a los brazos conmigo.

(Abrázanse y luchan.)

Eusebio   No sé qué efeto has hecho
                           en mí, que el corazón dentro el pecho,
                           a pesar de venganzas y de enojos,   415
                           en lágrimas se asoma por los ojos,
                           y en confusión tan fuerte,
                           quisiera, por vengarte, darme muerte.
                           Véngate en mí, tendida
                           a tus plantas, señor, está mi vida.   420

Curcio   El acero de un noble, aunque ofendido,
                           no se mancha en la sangre de un tendido,
                           que quita grande parte de la gloria
                           el que con sangre borra la victoria.

[Voces] (Dentro.)   Hacia aquí están.

Curcio   Mi gente victoriosa   425
                           viene a buscarme, cuando temerosa
                           la tuya vuelve huyendo.
                           Darte vida pretendo;
                           escóndete, que en vano
                           defenderé el enojo vengativo   430
                           de un escuadrón villano;
                           y solo tú imposible es quedar vivo.

Eusebio   Yo, Curcio, nunca huyo
                           de otro poder, aunque he temido el tuyo,

que si mi mano aquesta espada cobra,   435
verás cuánto valor en ti me falta,
que en tu gente me sobra.

(Salen todos.)

Octavio   Desde el más hondo valle a la más alta
                 cumbre de aqueste monte, no ha quedado
                 vivo ninguno, solo se ha escapado   440
                 Eusebio, porque huyendo aquesta tarde...

Eusebio   Mientes, que Eusebio nunca fue cobarde.

Todos   ¿Aquí está Eusebio? ¡Muera!

Eusebio   ¡Llegad, villanos!

Curcio   ¡Tente, Octavio, espera!

Octavio   ¿Pues tú, señor, que habías   445
                 de animarnos, agora desconfías?

Blas   ¿A un hombre amparas, que en tu sangre y honra
                 introdujo el acero y la deshonra?

Gil   ¿A un hombre que, atrevido,
                 toda aquesta montaña ha destruido?   450
                 Y a quien en el aldea no ha dejado
                 melón, doncella que no haya catado,
                 a quien tantos ha muerto,
                 ¿cómo así le defiendes?

Octavio   ¿Qué es, señor, lo que dices? ¿Qué pretendes?   455

94

Curcio	Esperad, escuchad, (¡triste suceso!);
	¿cuánto es mejor que a Sena vaya preso?
	Date a prisión, Eusebio, que prometo,
	y como noble juro, de ampararte,
	siendo abogado tuyo, aunque soy parte.	460

Eusebio	Como a Curcio no más, yo me rindiera;
	mas como a juez no puedo,
	porque aquel es respeto, y esto es miedo.

| Octavio | ¡Muera Eusebio! |

| Curcio | Advertid... |

| Octavio | ¿Pues qué? ¿Tú quieres |
| | defenderle? ¿A la patria traidor eres? | 465 |

Curcio	¿Yo traidor? Pues me agravias desta suerte,
	perdona, Eusebio, porque yo el primero
	tengo de ser en darte triste muerte.

Eusebio	Quítate de delante,
	señor, porque tu vista no me espante,	470
	que viéndote, no dudo
	que te tenga tu gente por escudo.

(Vanse peleando adentro.)

Curcio	Apretándole van, ¡oh quien pudiera
	darte agora la vida,
	Eusebio, aunque la suya misma diera!	475
	En el monte se ha entrado,
	por mil partes herido;
	retirándose va ya despeñado

al valle. Voy volando,
que aquella sangre fría,   480
que con tímida voz me está llamando,
algo tiene de mía;
que sangre que no fuera
propia, ni me llamara, ni la oyera.

(Vase Curcio, y baja despeñado Eusebio.)

Eusebio   Cuando, de la vida incierto,   485
                 me despeña la más alta
                 cumbre, veo que me falta
                 tierra donde caiga muerto;
                 pero si mi culpa advierto,
                 al alma reconocida,   490
                 no el ver la vida perdida
                 me atormenta, sino el ver
                 cómo ha de satisfacer
                 tantas culpas una vida.
                 Ya me vuelve a perseguir   495
                 este escuadrón vengativo,
                 pues no puedo quedar vivo,
                 he de matar o morir,
                 aunque mejor será ir
                 donde al cielo perdón pida;   500
                 pero mis pasos impida
                 la cruz, porque desta suerte
                 ellos me den breve muerte
                 y ella me dé eterna vida.
                 Árbol donde el cielo quiso   505
                 dar el fruto verdadero
                 contra el bocado primero,
                 flor del nuevo paraíso,
                 arco de luz cuyo aviso

en piélago más profundo   510
la paz publicó del mundo;
planta hermosa, fértil vid,
arpa del nuevo David,
tabla del Moisés segura:
pecador soy, tus favores   515
pido por justicia yo,
pues Dios en ti padeció
solo por los pecadores.
A mí me debes tus loores,
que por mí solo muriera   520
Dios si más mundo no hubiera;
luego eres tú, cruz, por mí,
que Dios no muriera en ti,
si yo pecador no fuera.
Mi natural devoción   525
siempre os pido con fe tanta,
no permitieseis, cruz santa,
muriese sin confesión.
No seré el primer ladrón,
que en vós se confiese a Dios.   530
Y pues que ya somos dos,
y yo no le he de negar,
tampoco me ha de faltar
redención que se obró en vós.
Lisardo, cuando en mis brazos   535
pude ofendido matarte,
lugar di de confesarte,
antes que en tan breves plazos
se desatasen los lazos
mortales. Y agora advierto   540
en aquel viejo, aunque muerto:
piedad de los dos aguardo.
¡Mira que muero, Lisardo;

mira que te llamo, Alberto!

(Sale Curcio.)

Curcio	Hacia aquesta parte está.	545

Eusebio
Si es que venís a matarme,
muy poco haréis en quitarme
vida que no tengo ya.

Curcio
¿Qué bronce no ablandará
tanta sangre derramada?   550
Eusebio, rinde la espada.

Eusebio
¿A quién?

Curcio
A Curcio.

Eusebio
Esta es.
Y yo también a tus pies,
de aquella ofensa pasada,
te pido perdón. No puedo   555
hablar más, porque una herida
quita el aliento a la vida,
cubriendo de horror y miedo
el alma.

Curcio
Confuso quedo.
¿Será en ella de provecho   560
remedio humano?

Eusebio
Sospecho
que la mejor medicina
para el alma es la divina.

| Curcio | ¿Dónde es la herida? |

| Eusebio | En el pecho. |

| Curcio | Déjame poner en ella | 565
	la mano, a ver si resiste
	el aliento. ¡Ay de mí, triste!
	¿Qué señal divina y bella
	es esta, que al conocella
	toda el alma se turbó?	570

Eusebio	Son las armas que me dio
	esta cruz, a cuyo pie
	nací, porque más no sé
	de mi nacimiento yo.
	Mi padre, que no señalo,	575
	aun la cuna me negó,
	que sin duda imaginó,
	que había de ser tan malo.
	Aquí nací.

| Curcio | Y aquí igualo |
| | el dolor con el contento, | 580
	con el gusto el sentimiento,
	efetos de un hado impío
	y agradable. ¡Ay, hijo mío!,
	pena y gloria en verte siento.
	Tú eres, Eusebio, mi hijo,	585
	si tantas señas advierto,
	que para llorarte muerto
	que justamente me aflijo,
	de tus razones colijo
	lo que el alma adivinó.	590

Tu madre aquí te dejó
en el lugar que te he hallado:
donde cometí el pecado
el cielo me castigó.
Y aqueste lugar previene   595
información de mi error;
¿pero cuál seña mayor
que aquesta cruz, que conviene
con otra que Julia tiene?
Que no sin misterio el cielo   600
os señaló, porque al suelo
fuerais prodigio los dos.

Eusebio   No puedo hablar, padre ¡adiós!
porque ya de un mortal velo
se cubre el cuerpo y la muerte   605
niega, pasando veloz,
para responderte voz,
vida para conocerte
y alma para obedecerte.
Ya llega el golpe más fuerte,   610
ya llega el trance más cierto.
¡Alberto!

Curcio   ¡Que llore muerto
a quien aborrecí vivo!...

Eusebio   ¡Ven, Alberto!

Curcio   ¡Oh, trance esquivo!
¡Guerra injusta!

Eusebio   Alberto, Alberto.   615

(Muere.)

Curcio   Ya el golpe más violento
                  rindió el último aliento;
                  paguen mis blancas canas
                  tanto dolor.

(Tírase de las barbas y sale Blas.)

Blas   Ya son tus quejas vanas.
                  ¿Cuándo puso inconstante la fortuna   620
                  en tu valor extremos?

Curcio   En ninguna
                  llegó el rigor a tanto.
                  Aneguen mis enojos
                  este monte con llanto,
                  puesto que es fuego el llanto de mis ojos.   625
                  ¡Oh triste estrella! ¡Oh rigurosa suerte!
                  ¡Oh atrevido dolor!

(Sale Octavio.)

Octavio   Hoy, Curcio, advierte
                  la fortuna en los males de tu estado,
                  cuantos puede sufrir un desdichado.
                  El cielo sabe cuánto hablarte siento.   630

Curcio   ¿Qué ha sido?

Octavio   Julia falta del convento.

Curcio   El mismo pensamiento, di, ¿pudiera
                  con el discurso hallar pena tan fiera,

que [es] mi desdicha airada,
sucedida, mayor que imaginada?   635
Este cadáver frío,
este que ves, Octavio, es hijo mío;
mira si basta en confusión tan fuerte,
cualquiera pena destas a una muerte.
Dadme paciencia, ¡cielos!,   640
o quitadme la vida
agora perseguida
de tormentos tan fieros.

(Sale Gil.)

Gil   ¡Señor!

Curcio   ¿Hay más dolor?

Gil   Los bandoleros
que huyeron castigados,   645
en busca tuya vuelven animados
de un demonio de hombre,
que encubre dellos mismos rostro y nombre.

Curcio   Agora que mis penas fueron tales,
que son lisonjas los mayores males.   650
El cuerpo se retire lastimoso
de Eusebio, en tanto que un sepulcro honroso,
vuelto en cenizas, ve mi desventura.

Tirso   Pues ¿cómo piensas darle sepultura
tú en lugar sagrado   655
a un hombre que murió descomulgado?

Blas   Quien desta suerte ha muerto,

digno sepulcro sea este desierto.

Curcio   ¡Oh villana venganza!
          ¿Tanto poder en ti la ofensa alcanza,   660
          que pasas desta suerte
          los últimos umbrales de la muerte?

(Vase Curcio.)

Blas   Sea en penas tan graves,
          su sepulcro las fieras y las aves.

Otro   Del monte despeñado   665
          caiga por más rigor despedazado.

Tirso   Mejor es darle agora
          rústica sepultura entre estos ramos,
          pues ya la noche baja
          envuelta en esa lóbrega mortaja,   670
          aquí en el monte, Gil, con él te queda,
          porque sola tu voz avisar pueda,
          si algunas gentes vienen
          de las que huyeron.

(Vanse.)

Gil   ¡Linda flema tienen!
          A Eusebio han enterrado   675
          allí, y a mí aquí solo me han dejado.
          Señor Eusebio, acuérdese, le digo,
          que un tiempo fui su amigo.
          Mas ¿qué es esto? O me engaña mi deseo
          o mil personas a esta parte veo.   680

(Sale Alberto.)

Alberto	Viniendo agora de Roma,	
	en la muda suspensión	
	de la noche, en este monte	
	perdido otra vez estoy.	
	Aquesta es la parte adonde	685
	la vida Eusebio me dio,	
	y de sus soldados temo	
	que en grande peligro estoy.	
Eusebio	¡Alberto!	
Alberto	¿Qué aliento es este	
	de una temerosa voz	690
	que repitiendo mi nombre	
	en mis oídos sonó?	
Eusebio	¡Alberto!	
Alberto	Otra vez pronuncia	
	mi nombre, y me pareció	
	que es a esta parte; yo quiero	695
	ir llegando.	
Gil	¡Santo Dios!	
	Eusebio es, y ya es mi miedo	
	de los miedos el mayor.	
Eusebio	¡Alberto!	
Alberto	Más cerca suena.	
	Voz que discurres veloz	700
	el viento y mi nombre dices,	

¿quién eres?

Eusebio

Eusebio soy;
llega, Alberto, hacia esta parte,
adonde enterrado estoy;
llega y levanta estos ramos.   705
No temas.

Alberto

No temo yo.

Gil

Yo sí.

(Descúbrele.)

Alberto

Ya estás descubierto.
Dime, de parte de Dios,
¿qué me quieres?

Eusebio

De su parte,
mi fe, Alberto, te llamó   710
para que antes de morir
me oyeses de confesión.
Rato ha que hubiera muerto;
pero libre se quedó
del espíritu el cadáver,   715
que de la muerte el feroz
golpe le privó del uso,
pero no le dividió.

(Levántase.)

Ven adonde mis pecados
confiese, Alberto, que son   720
más que del mar las arenas,
y los átomos del Sol.
¡Tanto con el cielo puede
de la cruz la devoción!

Alberto	Pues yo cuantas penitencias	725
	hice hasta agora te doy,	
	para que en tu culpa sirvan	
	de alguna satisfacción.	

(Vanse, y salen por otra puerta Julia, y bandoleros.)

Gil	¡Por Dios, que va por su pie!	
	Y para verlo mejor,	730
	el Sol descubre sus rayos.	
	A decirlo a todos voy.	
Julia	Agora que descuidados	
	la victoria los dejó	
	entre los brazos del sueño,	735
	nos dan bastante ocasión.	
Octavio	Si has de salirlos al paso,	
	por esta parte es mejor,	
	que ellos vienen por aquí.	

(Salen todos y Curcio.)

Curcio	Sin duda que inmortal soy	740
	en los males que me matan,	
	pues no me ha muerto el dolor.	
Gil	A todas partes hay gente;	
	sepan todos de mi voz	
	el más admirable caso	745
	que jamás el mundo vio.	
	De donde enterrado estaba	
	Eusebio, se levantó,	

llamando un clérigo a voces.
Mas ¿para qué os cuento yo   750
lo que todos podéis ver?
Mirad con la devoción
que está puesto de rodillas.

(Descúbrese de rodillas, y Alberto confesándole.)

Curcio   ¡Mi hijo es, divino Dios!
                ¿Qué maravillas son estas?   755

Julia   ¿Quién vio prodigio mayor?

Curcio   Así como el santo viejo
                hizo de la absolución
                la forma, segunda vez
                muerto a sus plantas cayó.   760

Alberto   Entre sus grandezas tantas,
                sepa el mundo la mayor
                maravilla de las suyas,
                porque la ensalce mi voz.
                Eusebio, después de muerto,   765
                el cielo depositó
                su espíritu en su cadáver
                hasta que se confesó,
                que tanto con Dios alcanza
                de la cruz la devoción.   770

Curcio   ¡Ay, hijo del alma mía!
                No fue desdichado, no,
                quien en su trágica muerte
                tantas glorias mereció.
                ¡Así Julia conociera   775

| | sus culpas!

| Julia | ¡Válgame Dios!
| | ¿Qué es lo que estoy escuchando?
| | ¿Qué prodigio es este? ¿Yo
| | soy la que a Eusebio pretende,
| | y hermana de Eusebio soy?   780
| | Pues sepan Curcio y el mundo,
| | y sepan ya todos hoy
| | mis graves culpas: yo misma,
| | asombrada de mi error,
| | daré voces; sepan todos   785
| | cuantos hoy viven que yo
| | soy Julia, en número infame
| | de las malas la peor.
| | Mas ya que ha sido común
| | mi pecado, desde hoy   790
| | lo será mi penitencia;
| | y pidiéndole perdón
| | al mundo del mal ejemplo,
| | de la mala vida a Dios.

| Curcio | ¡Oh asombro de las maldades!   795
| | Con mis propias manos hoy
| | te mataré, porque sean
| | tu vida y tu muerte atroz.

| Julia | Valedme voz, cruz divina,
| | que yo mi palabra os doy   800
| | de volverme a mi convento
| | y hacer nueva vida. ¡Adiós!

(Vase Julia a lo alto, asida de la cruz que está en el sepulcro de Eusebio.)

Alberto

¡Gran milagro!

Curcio

Y con el fin
de tan grande admiración,
la devoción de la Cruz   805
da felice fin su autor.

Fin de la comedia

Libros a la carta

A la carta es un servicio especializado para
empresas,
librerías,
bibliotecas,
editoriales
y centros de enseñanza;
y permite confeccionar libros que, por su formato y concepción, sirven a los propósitos más específicos de estas instituciones.

Las empresas nos encargan ediciones personalizadas para marketing editorial o para regalos institucionales. Y los interesados solicitan, a título personal, ediciones antiguas, o no disponibles en el mercado; y las acompañan con notas y comentarios críticos.

Las ediciones tienen como apoyo un libro de estilo con todo tipo de referencias sobre los criterios de tratamiento tipográfico aplicados a nuestros libros que puede ser consultado en Linkgua-ediciones.com .

Linkgua edita por encargo diferentes versiones de una misma obra con distintos tratamientos ortotipográficos (actualizaciones de carácter divulgativo de un clásico, o versiones estrictamente fieles a la edición original de referencia).

Este servicio de ediciones a la carta le permitirá, si usted se dedica a la enseñanza, tener una forma de hacer pública su interpretación de un texto y, sobre una versión digitalizada «base», usted podrá introducir interpretaciones del texto fuente. Es un tópico que los profesores denuncien en clase los desmanes de una edición, o vayan comentando errores de interpretación de un texto y esta es una solución útil a esa necesidad del mundo académico.

Asimismo publicamos de manera sistemática, en un mismo catálogo, tesis doctorales y actas de congresos académicos, que son distribuidas a través de nuestra Web.

El servicio de «libros a la carta» funciona de dos formas.

1. Tenemos un fondo de libros digitalizados que usted puede personalizar en tiradas de al menos cinco ejemplares. Estas personalizaciones pueden ser de todo tipo: añadir notas de clase para uso de un grupo de estudiantes, introducir logos corporativos para uso con fines de marketing empresarial, etc. etc.

2. Buscamos libros descatalogados de otras editoriales y los reeditamos en tiradas cortas a petición de un cliente.

Printed in Great Britain
by Amazon

c89006ef-d02b-4418-884f-4ba870a1f5feR01